Wer war Jesus von Nazareth?

Seine Kindheit und Jugendjahre

*Das Ewige Wort, der Eine Gott,
der Freie Geist, spricht durch Gabriele,
so wie durch alle Gottespropheten –
Abraham, Hiob, Moses, Elia, Jesaja,
Jesus von Nazareth,
der Christus Gottes*

Wer war Jesus von Nazareth?

Seine Kindheit und Jugendjahre

Zusammengestellt von
Nachfolgern des Jesus von Nazareth

Gabriele-Verlag
Das Wort

2. Auflage September 2022
© Gabriele-Verlag Das Wort GmbH
Max-Braun-Str. 2,
97828 Marktheidenfeld, Deutschland
Tel. +49 (0)9391/504135, Fax 09391/504133
www.gabriele-verlag.com

S170TBPOD

ISBN 978-3-96446-306-7

Inhalt

Aus aller Welt erreichen uns immer wieder Anregungen und Bitten, einmal über das wahre Leben des Jesus von Nazareth zu berichten. Viele Menschen sind von den Kirchen enttäuscht und sind es leid, insbesondere zu den Kirchenfesten immer wieder dieselben Abhandlungen der Kirchenmänner zu hören, die überhaupt keine Antworten auf die Fragen des Lebens geben können.

Nachfolger des Nazareners berichten hier – frei von den Auslegungen der Priesterkaste und Fälschungen kirchenhöriger Historiker und solcher, die im Auftrag der Kirchen die Geschichtsbücher schrieben und schreiben – authentisch über das Leben des Jesus von Nazareth.

Immer mehr Menschen sind auf der Suche nach dem wahren Jesus von Nazareth, dem Christus Gottes, und können Ihn in den Kirchen aus Stein nicht finden. Sie sind es, wie gesagt, leid, von den Priestermännern der institutionellen Kirchen keine Antworten auf Fragen des Lebens zu bekommen, die in ihrer suchenden Seele einen Widerhall haben und einen Gewinn für ihr Leben bedeuten würden.

Gehören auch Sie zu den vielen Menschen, die Jahr für Jahr, insbesondere zu den sogenannten christlichen Festen der Kirchen, immer wieder dieselbe Leier über Jesus von Nazareth aus Sicht der Priesterkaste über sich ergehen lassen? Jahrein, Jahraus immer wieder dieselben dogmatischen Zeremonien, Riten und Kulte. Jahrein, jahraus immer wieder dieselben sinnentleerten Liturgien, die hohlen und salbungsvollen Kanzelreden von Priestern, Bischöfen und Kardinälen, bis hinauf zum Papst. Oftmals predigen diese dem ahnungslosen Volk sogar das Gegenteil von den angeblich unfehlbaren kircheneigenen Lehrverkündigungen und Dogmen und führen so die Lemminge geradewegs in die nach kirchlichen Lehraussagen „ewige Verdammnis", frei nach dem Motto: Das einfache Volk wird schon nichts merken. Jahrein, jahraus keine wirklichen Antworten von den Priestermännern auf die Fragen nach dem tieferen Sinn des Lebens und dem „Warum" im Hinblick auf die Geschehnisse im Alltag des Menschen.

Allenfalls wird versucht, einen suchenden Menschen von den angeblichen Geheimnissen Gottes zu überzeugen. Damit ist die Kirchenweisheit von Priestern, bis hinauf zum Papst, aber schon am Ende, denn angeblich genügt ja der Glaube – auch wenn Jesus von Nazareth ganz anders gesprochen hat

Hand aufs Herz! Die allermeisten von uns haben doch in Wahrheit genug davon, dass Jahr für Jahr der auferstandene Christus Gottes von den institutionellen Kirchenführern dieser Welt immer wieder aufs Neue verhöhnt und verspottet wird.

Sollte es nicht endlich aufhören, dass Er, Jesus, der Christus, der ja, wie gesagt, der auferstandene Christus Gottes ist, der Mitregent der Himmel, dem weihrauchvernebelten Volk immer wieder aufs Neue als der von der Priesterkaste besiegte Jesus von Nazareth dargeboten wird, als die ans Kreuz genagelte und gefolterte, leblose Trophäe?

Jeder Mensch sollte nach seinem Glauben leben dürfen, wie er mag. Jeder kann einer Religion angehören, wie er mag. Doch wenn

Jesus, der Christus, auf Den sich die sogenannten christlichen Kirchen ja berufen, über alle Maßen, fortwährend und auf das Schlimmste von Kirchenführern verleumdet, diskriminiert und Sein Leben sowie Seine Lehre in das genaue Gegenteil verkehrt wird, werden Nachfolger des Nazareners dazu nicht schweigen und werden immer wieder den Missbrauch Seines Namens aufzeigen.

Viele Mitmenschen werden sich fragen, warum so viele Fragen, Rückmeldungen und Bitten an Nachfolger des Jesus von Nazareth gestellt werden. Es gibt eben viele Menschen, denen an der Wahrheit gelegen ist. Daher wünschen sie sich, dass Nachfolger des Nazareners über das Leben von Jesus, dem Christus, berichten. Sehr viele Menschen in fast allen Ländern und auf allen Kontinenten der Erde wissen, dass Gott, der Ewige, der Gott Abrahams, Isaaks und Jakobs, der Gott aller wahren Propheten, vor nahezu 50 Jahren erneut einen Menschen zu Seiner Prophetin berief. Es ist Gabriele, die Gott, der Ewige, Seine Botschafterin und Prophetin nennt und durch die der Christus-Gottes-Geist Tausende von Gottesoffenbarungen und geistigen Schulungen in aller Öffentlichkeit der Menschheit schenkte. Sie ist wahrhaftig der letzte Prophet in einem großen Zyklus, ein großer Lehrprophet, den Gott, der Ewige, den Menschen sandte, bevor die Zeitenwende vieles verändern wird und Jesus, der Christus Gottes, im Geiste erscheint.

Nachfolger des Jesus von Nazareth

Wer war
Jesus von Nazareth?

Gottes unendliche Weisheit offenbarte durch Seine Prophetin Gabriele der Menschheit das, was durch Jesus von Nazareth bereits angekündigt war, der vor 2000 Jahren versprach: *„Ich werde euch den Tröster senden, der euch in alle Wahrheit führt."*

Der Tröster ist der Christus Gottes, der im Prophetischen Wort durch Sein Instrument in der heutigen Zeit, durch die Prophetin Gottes, der Menschheit die Wahrheit der Himmel für alle Lebensbereiche offenbart hat, so weit Menschen sie verstehen können.

Aus mehreren Christus-Gottes-Offenbarungen durch Seine Prophetin Gabriele sind hier verschiedene Abschnitte zusammengetragen, die das Erdenleben des Jesus von Nazareth mit Seinen eigenen Offenbarungsworten beschreiben.

Wer war Jesus von Nazareth?

In der großen Christusoffenbarung *»Das ist Mein Wort – Alpha und Omega. Die Christusoffenbarung, welche inzwischen die wahren Christen in aller Welt kennen«* offenbart Christus wie folgt:

»Der Tröster ist der Geist Christi, der Ich Bin, das Leben in Gott, Meinem Vater. Der Christus-Gottes-Geist ist allgegenwärtig in den vier Wesenheiten Gottes, den Schöpfungs- und Schaffungskräften, die jede Seele als Kraft und Leben in sich trägt. Der Tröster, Mein Geist, ist der Erlöserfunke, in dem Trost und Erlösung wirken. Die Erlösung ist Mein Werk, das Ich vom Vater empfangen habe zur Heimholung aller Seelen und Menschen.«

Weiter offenbart Christus:

»Der Geist der Wahrheit ist der Christus Gottes, von dem Ich als der Menschensohn sprach. Ich habe diese Zusagen in den nahezu 2000 Jahren wahrgemacht. Der Geist der Wahrheit kam in allen Generationen, und Sein Wirken nahm in dieser Welt immer mehr an Licht und Kraft zu, denn viele Menschen hörten und lasen aus dem Gesetz des Lebens, der ewigen Wahrheit, und so mancher begann, das Leben in sich zu entwickeln.

In dieser Zeitenwende jedoch bricht das Licht, Ich, der Christus, die ewige Wahrheit, in einem breiten Spektrum durch und strahlt in die ganze Welt. Das Gesetz der Wahrheit fließt als ein breiter Strom durch das Prophetische Wort, denn Ich sandte die göttliche Weisheit zu den Menschen, auf dass die Wahrheit offenbar werde und die Menschen aufrüttele, die in Weltbefangenheit und Sünde leben.

Die Wahrheit offenbart auch, was gegenwärtig ist und was kommen wird. Sie benetzt und tränkt viele Seelen und Menschen und stärkt sie mit Liebe, Kraft und Weisheit.

Wer seine Sünden bereinigt, wird Mich, den Christus, erkennen, denn die Sünde trübt das geistige Auge. Wer zu schauen vermag, der erkennt Mich, den Christus, in sich selbst und in jenen, die Mir wahrlich nachfolgen ... Als Menschensohn ging Ich von den Menschen, als der Christus Gottes, ihr Erlöser, der Geist der Wahrheit, Bin Ich wiedergekommen.«

So weit ein kurzer Abschnitt aus dem großen Christus-Offenbarungswerk »Das ist Mein Wort – Alpha und Omega«.

Der hohe Geist des Christus Gottes hat uns Menschen durch Gabriele, die Prophetin und Botschafterin Gottes, auch einen Lebensabschnitt von Seinem Erdenleben als Kind von Maria und Josef offenbart. Er selbst also, der Christus Gottes, offenbarte uns aus Seinem Erdenleben; und aus diesem Offenbarungswort sind hier einige Passagen wiedergegeben – auch um Ihn, Jesus, den Christus, zu rehabilitieren:

»Mein Leben als Knabe Jesus war von Armut geprägt. Auch das war ein Symbol für die Menschheit, denn der Herr sprach: „Bei den Armen und Hilfsbedürftigen Bin Ich im Besonderen zu finden. Die Hochgestellten und Reichen sind mir ein Gräuel.“

Gott ist in Seiner Größe bescheiden. Das bewies Er im Erdenkleid des Jesus. Er, Gott in Mir, in einem armen, oft von Not und irdischen Entbehrungen geplagten Knäblein.

Als Kind wollte Ich unter anderen Kindern sein. Da aber Maria bei den Nazarenern nicht gern gesehen war – so auch nicht der Jesus – standen sie uns ablehnend gegenüber. Die Spielgefährten, die ich daraufhin suchte, waren nicht die Kinder von Nazareth, sondern die Tiere. Stundenlang verweilte Ich in der Natur, um mit Meinem Freund – einem Käfer oder einem anderen Tier – Zwiesprache zu halten. In Meinem Herzen vernahm Ich die Antwort der Tiere. So war Ich unter ihnen geborgen. Durch Maria, Meine irdische Mutter, und die Antwort der Tierwelt führte Mich der Gottesgeist auf dem Weg zum Gottesbewusstsein.

Ich erlebte die gebundenen Tiere, so auch die Lebewesen im Feld und im Garten, der sich um das bescheidene Häuschen zu Nazareth gruppierte.«

Viele, viele Fragen stellte der Knabe Jesus Seiner Mutter, Maria. Jesus, der Christus selbst, offenbarte dazu weiter:

»Maria konnte Mir die Fragen nicht alle beantworten, doch sie sagte: „Mein Sohn, viele Menschen leben in der Knechtschaft ihres Unglaubens. Wer im Herzen nicht frei ist, hat auch für die Tiere wenig Verständnis. Der Herr, Der in Deinem Herzen wohnt, kann Dir darüber besser Auskunft geben als ich, Seine bescheidene Magd.“

Der Herr in Mir begann sich erst zu regen, als Mich Maria immer wieder darauf aufmerksam machte. „Mutter“, so kam die nächste Frage von Jesus, „warum hörte Mose Gott und warum hörst du Ihn? – Ich weiß, wenn du still auf der Bank vor unserem Häuschen sitzt, dass du mit Gott, unserem Vater, Zwiesprache hältst.“

....

Nun begann Maria: „Es ist höchste Zeit, Mein Sohn, dass Du Dich in das Wahre versenkst, denn Gott, unser Vater, spricht schon lange zu Dir. Die Empfindungen der Tiere, die Du in Dir vernimmst, ist auch die Stimme des Herrn, denn nichts lebt außer Ihm."

Maria war es, die Mich zu der inneren Stimme führte, und als Ich sie vernahm, beglückte sie mich wie nichts zuvor, was besagt: Sanft ist Meine Stimme und süßer als Honig.

Im Namen des Herrn und nach Seinem Willen wurde der Knabe Jesus erzogen. Die Erziehung war sehr schlicht. Josef, ein hohes Geistwesen aus der Heimat, so auch Maria, waren beide in einem armen Menschenkörper eingekleidet ... Sie lebten unter den Armen. Ihre Sprache war einfach, so auch ihr Ansehen. Ich sprach dieselbe Sprache wie meine Zieheltern und alle Armen des Volkes. Nur Meine Seele wurde vom göttlichen Odem beseelt und zur Liebe und Barmherzigkeit erzogen.

Meine Kindheitserlebnisse teilte Ich den Eltern mit, die dafür wenig Verständnis hatten, weil sie die sonderbaren Erlebnisse nicht zu deuten verstanden und dadurch auch nicht begreifen konnten.«

Der auferstandene Jesus, der Christus Gottes selbst, offenbarte weiter über Seine Jugend:

»Als Ich älter wurde und Meine Seele aus dem Kindesalter in das Jugendalter überging, offenbarte Sich Gott in weiteren Visionen ... Meine Seele wurde dadurch zur Liebe und Barmherzigkeit erzogen. Auch im Kindesalter hatte Ich Seelenkräfte, die Ich öfter falsch anwandte. Daraus konnte auch Ich, der Jesus, lernen.

Das Gesetz lautet: Jeder Mensch und jede Seele werden über ihre eigenen Fehler und Schwächen so lange geführt, bis sie diese selbst erkennen und an sich arbeiten.

Dem Jesus wurde nichts erspart. Er musste leben und lernen, wie jeder andere Mensch auch. So musste Ich von Kind an Meine menschlichen Schwächen erkennen und sie überwinden lernen, denn Ich war für die

Menschheit ein Symbol. Meine Seele wurde vom Geist des Vaters geschult ... Mein äußeres Leben verlief ruhig, desto stürmischer Mein Innenleben. Tag und Nacht kamen Visionen. Sie stellten Mich sehr oft vor menschliche Schwierigkeiten ...

Was Ich während dieser Zeit nicht deuten konnte, übergab Ich Meinem Vater mit der Bitte: „Wenn Meine Seele gereift ist, o Herr, wirst Du Mir diese Vision sicherlich aufs Neue offenbaren". Alle Visionen wurden im Laufe Meiner Lehr- und Gesellenjahre immer deutlicher ...

Wer den Sieg über das Niedere erringen möchte, muss dem Verführer den Kampf ansagen. Denn ohne Kampf gegen den Widersacher kein Sieg über die heimtückische, niedere Natur, die in der dreidimensionalen Welt die Herrschaft über die Sinneswelt der Menschen erschleicht ...

Der Mensch Jesus kam in eine Sturm- und Drangzeit, die Ihn oft viele Tage vom Haus der Eltern fernhielt. Josef war manchmal ungehalten, Maria ängstlich, dann verständnislos. Jesus wurde wortkarg und ging Seine eigenen Wege.

Wenn Ich einige Tage von der Arbeit fernblieb, holte Ich alles Versäumte nach. Gott, Mein Vater, schenkte Mir Kräfte, um in Kürze das als Zimmermann nachzuholen, was Ich in den ferngebliebenen Tagen versäumt hatte.

Die Menschen, von denen Josef einen Auftrag erhielt, wussten um die Kräfte des Jesus und hatten Mich deshalb in ihr Herz geschlossen. Oft erhielt Josef nur einen Auftrag, wenn er versicherte, Jesus würde am Bau mitarbeiten. Das tat Ich dann auch, um dem alten Vater Josef eine Freude zu machen, denn Mein schweigsames Wesen, Meine Zurückhaltung als auch Mein Fernbleiben stimmten Josef oft sehr ärgerlich.

Mein Herz war bei der Arbeit schwer, denn Ich lernte Menschen kennen. Sie waren um ihre äußere Habe sehr besorgt, doch weniger um ihr Seelenheil. Es waren Bürger von Nazareth, die Mich nicht von Herzen liebten. Sie achteten Mich nur als Zimmermann, weil Ich gute und schnelle Arbeit leistete. Es waren aber auch dieselben, die über Jesus am Sabbat schlechte Reden führten, da Ich nicht mit in die Synagoge oder in den Tempel ging.

Als Kind ging Ich ab und zu an der Hand Mariens mit in den Tempel. Auch als Kind von ca. 12 Jahren besuchte Ich die Templer, doch der freie Mensch Jesus mied den meist unehrlichen Gotteszauber, der sich in Riten und dergleichen ergoss.

Ich hörte den Vater im Herzen und wusste, dass Er nicht ein Gott des Äußeren war, *sondern des inneren ewigen Reiches. Davon sprach Ich auch als zwölfjähriger Jesus im Tempel, worauf die Schriftgelehrten höhnten und spotteten. ...*

Es steht in der Schrift geschrieben: Der Verstandesmensch versteht selten die Herzensmenschen. Gott ist aber das Herz. Wer die Herzensempfindung nicht hat, bleibt im Verstand und in der entsprechenden Tat ...

Vieles wurde schon über den Knaben Jesus geschrieben, doch vieles blieb verhüllt: das unsagbare Weh eines Menschen, dessen Seele ihm alles zeigte und dessen Worte fehlten, um das Erlebte auszudrücken. Meine ganzen Empfindungen der Seele legte Ich in vielen Gleichnissen dar.

Unvorstellbare Komplexe trug Ich als Kind und als junger Mann. Die Intelligenz Gottes war Mein Empfinden. Dadurch war Ich ande-

ren Menschen weit überlegen ..., aber nur das Nötigste konnte Ich schreiben. Mit diesen ... Komplexen rang Ich ... Immer wieder war Ich dem Hohn der Pharisäer und Schriftgelehrten ausgesetzt. ...

Viele Worte wurden um Mein Leben als Jesus gemacht. Nicht mehr als nötig möchte der Christus hier im Wort offenbaren. Was Ich hier niederlege, war und ist ein Symbol für die Menschheit.

Mein Herz ist traurig, und die Bürde des Kreuzes liegt auf Meinen geistigen Schultern und in den ungläubigen Seelen und Menschen. ...

Die Predigerjahre begannen nach einem Leben, das in der Nacht und am Tag mit der Macht der Dunkelheit rang. Die Finsternis wollte den Werdegang des Sohnes Gottes ver-

hindern. Mit allen verfügbaren Kräften stürzten sie sich Tag und Nacht auf Mich, um den Vollzug der Erlösung zu verhindern.

Die schwersten Erdenjahre, von denen die Welt wenig weiß, waren die Jahre zwischen dem 12. Lebensjahr und den Predigerjahren. Sie brachten Mir große Qualen, größere als der Kreuzweg selbst. Gott, Mein Vater, gab den dunklen Mächten die Erlaubnis, Seinen Sohn zu erproben, was sie auch ausgiebig taten. Sie quälten Mich bei Tag und Nacht, oft waren es nur ein oder zwei Stunden Schlaf. Am Morgen lag dann Mein Körper vom Fieber gepeitscht auf dem Lager ... Die göttliche Kraft aber stand Mir bei, sie floss in Meine Seele und den physischen Körper ein ...

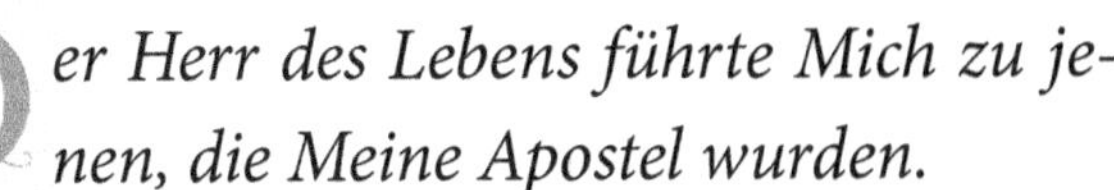

er Herr des Lebens führte Mich zu jenen, die Meine Apostel wurden.

Nicht ohne Fragen und Beweise gingen die Männer mit Mir. Bei einigen von ihnen verdingte Ich Mich als Zimmermann. Ich setzte ihnen die Häuser und Scheunen instand, half wo Ich konnte, heilte und linderte Krankheiten in ihren Familien, verdiente Geld, das Ich den Familien hinterließ.

Keinen Jünger bat Ich, mit Mir zu gehen, bevor in seiner Familie nicht alles zum Besten bestellt war. Jeder ging freiwillig mit dem Nazarener, weil sie durch Meine Selbstlosigkeit und durch Meine Reden erkannten, dass Ich ein gerechter Mann des Volkes war, mit einem tiefen Glauben, wodurch Ich vieles nach dem Willen Meines Vaters tun konnte ... Auch wurde den Familien mit Handschlag versichert, für sie zu sorgen, auch wenn die Männer in der Ferne weilten.

Alles, was wir für unser Leben und das der Familien benötigten, erarbeiteten wir. Wir nahmen jede Arbeit an, die uns angeboten wurde. Der Herr, der Lenker unseres Lebens, fügte es so, dass uns immer wieder vertrauensvolle Menschen begegneten, denen die Jünger Nachrichten und Geld für den Lebensunterhalt ihrer Familien mitgeben konnten.

So sorgte der Herr auf natürliche Weise für Meine Jünger und deren Familien als auch für Mich. In dieser Begebenheit zeigte der Herr, dass Er auch Seine sinngemäßen Worte an Seinem Sohn verwirklichte, nämlich: Bete und arbeite, denn im Schweiße deines Angesichtes sollst du dein Brot verdienen! ...

Was Ich als Jesus unter den Meinen tat, waren keine Wunder, sondern es war die Kraft des Geistes, die in jedem Menschen lebt. Jesus war somit ein Symbol für die ganze Menschheit. Diese Kraft, die in Mir als Jesus war, ist in jeder Seele – was wiederum die Worte besagen: „Ihr könnt noch Größeres tun, als Ich getan habe."…

Die Menschheit müsste das Gesetz Meines Vaters leben, dann wäre auch ihr alles möglich, denn das göttliche Gesetz ist das Erbgut der Seele ... Alles, was ihr zu einem göttlichen Leben braucht, habe Ich euch gelehrt. Ich sagte sinngemäß für die kommende Zeit: „Es wird eine Zeit kommen, in der Ich euch noch mehr sagen werde, denn heute könnt ihr es noch nicht verstehen." –
Deshalb ist Meine Bitte als Jesus, und es ist heute die Bitte des Christus: Klammert euch nicht an blinde Blindenführer. Wo ein Blinder einen anderen Blinden leitet, fallen beide in die Grube. Die Grube versinnbildlicht die Astralbereiche, dort die Blindenführer weiterhin ihre unwissenden Schafe an sich binden und

dasselbe lehren, was sie im Fleisch lehrten. Sie verkünden Meinen unwissenden Kindern das Wort Gottes, das nicht aus ihren Herzen kommt, sondern aus einer falschen Einstellung, die sie sich durch dogmatische Begriffe selbst angeeignet haben ...«

Jesus, der Christus, offenbarte weiter:

»Wer war Jesus von Nazareth? Ein geistig durchstrahlter Mensch, der eins mit Seinem Vater im Himmel war. Ich brachte durch die Kraft des Gesetzes allen Seelen das Heil. Was Ich als Jesus für das Volk tat, waren von der Welt gepriesene Wunder. Jene Seelen, die nur zwei bis drei Inkarnationen hatten, brauchten nicht auf die Erlösertat zu harren, sie konnten jederzeit ins Lichtreich zurück. Diese Seelen hatten noch die Kraft des Aufstiegs in sich. Allen anderen habe Ich die geistigen Kräfte erneut gebracht und in ihnen belebt, denn alles

ist in allem enthalten, auch in der Seele des Menschen ...

Das Himmelreich, Meine Kinder, dringt immer tiefer in die Herzen jener ein, die auf Mich schauen. In allen Seelenbereichen werden sich Meine Worte erfüllen. Wahrlich, Ich sage euch, wer sich nicht bekehrt und wie ein kleines Kind wird, vertrauensvoll und gut, wird nicht in das Himmelreich gelangen.

Der Sinn ist folgender: Wer in seinem Verstandeswissen verharrt, und in seinem Leben nur nach äußerem Reichtum trachtet und nur äußeres Ansehen bejaht, der wird es einst mit seinem Ego schwer haben. Gebt euch Gott als Kind hin und befolgt Seine Gebote, dann wird euch Gott durch Mich vieles offenbaren. Dann dringt der Mensch in die Tiefen seiner Seele ein, wo das Kind im Vater schlummert. Der Mensch sollte es erwecken, damit sich der

Geistkörper entfalten kann und durch den innewohnenden Christus in euch höher und höher getragen wird.

Der Menschsohn ist gekommen, alle Seelen zu beseelen. Wehe jenen, die Meine gerechten Diener im Wort und in der Tat misshandeln. Es wäre besser, sie würden nicht geboren sein. Denn bis solche Seelen die Wiedergeburt im Geiste erlangen, werden Äonen von Zeiten vergehen. Deshalb vergebt allen und achtet, was aus eurem Munde fließt, auf dass sich Meine Erlösung in euch vollziehen kann. ...

„Der gute Hirte lässt die 99 Schafe stehen, um das Verirrte zu suchen und heimzuführen." Diese Aussage bedeutet, dass keine Seele verloren gehen wird. Sie besagt auch, dass Gott mildtätig ist, denn Er hat allem Leben Seinen Odem eingehaucht. Deshalb wird Er keine Seele zerstören.

*Sprecht niemals von der ewigen Verdamm-
nis und Züchtigung Gottes. Gott, der Herr, ver-
dammt und züchtigt euch nicht. Der Mensch
hat seine eigene Zuchtrute in der Hand, denn
was er aussät, wird er ernten.*

*Die Aussage vom Guten Hirten weist auf
die All-Einheit und Liebe des Vaters hin. Er
geht in Christus jeder Seele nach, und wenn es
Äonen dauert. Gott ist der zeit- und raumlose
ewige Geist, der in jeder Seele lebt. Er selbst
wird dich weder verdammen noch zerstören,
weil Er i n dir lebt ...*

*Die Menschheit hat ihren Erlöser bis zum
heutigen Tag nicht verstanden. Deshalb werden viele Menschen und Seelen das Leid erdulden, das Ich als Jesus durchlebte. Ich gab
auch der Menschheit diesbezüglich ein Symbol für das Kommende. Der Leidensweg ist
der Werdegang der Menschheit, weil sie sich*

nicht auf das Kreuz der Erlösung besinnt, sondern immer tiefer in die Sünde fällt. Dadurch wird sich die Menschheit selbst kreuzigen. Alle Seelen tragen die Erlösung in sich. Deshalb geht keine Seele verloren. Der Mensch wird jedoch seinen Kreuzweg gehen und sich selbst kreuzigen ...

O ihr verblendeten Menschen, wann werden eure geistigen Körper im ewigen Jerusalem sein? Die Freiheit hat euch der Menschensohn gebracht, doch ihr umklammert weiterhin jene, deren Verderbtheit Ich als Jesus schon angeprangert habe ...

Wer sich mehr dünkt als Mein Volk, ist ein Heuchler. Auf ihn sollt ihr nicht hören. So hört nur auf Christus, Der i n euch lebt. Jeder kann Mich hören, so er den Willen Meines Vaters tut. „Wer sich erhöht, wird erniedrigt, und wer sich erniedrigt, wird erhöht werden". Denn so steht es in eurer Schrift geschrieben. Nennt keinen Rabbi, (also Priester), nur Einer ist euer Meister, Jesus Christus. Ihr alle seid Brüder.

Eure heutigen kirchlichen Obrigkeiten stehen wiederum im Ansehen der Menschen. Ihre irdischen Werke vollziehen sich nicht nach dem Gesetz Gottes! Im Reich Meines Vaters werden sie die Ärmsten der Armen sein, weil sie schon von der Welt entlohnt wurden ...«

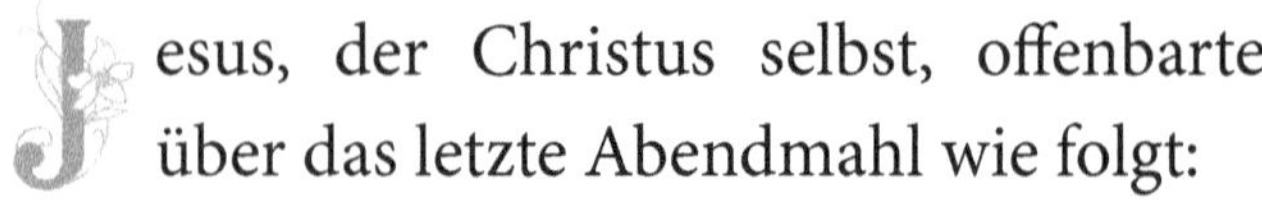

esus, der Christus selbst, offenbarte über das letzte Abendmahl wie folgt:

»Auch das Letzte Abendmahl mit Meinen Jüngern war ein Symbol für die Menschheit. „Nehmt und esset", so sprach Ich, „das ist Mein Leib". Die Bedeutung ist: Durch Meine geistige Auferstehung Bin Ich das Licht in euch, das euren Geistkörper reinigt. So ihr an Meine Auferstehung glaubt und die Gebote Meines Vaters erfüllt, werdet ihr durch Mich die Wiedergeburt erlangen, denn Ich Bin gekommen, eure Seelen zu reinigen durch die Erweckung des Geistes.

Die Bedeutung der Aussage: „Das ist Mein Blut, das vergossen wird zur Vergebung der Sünden", ist: Das Blut ist der Geist der Seele. Er muss neu erweckt werden, damit sich die göttlichen Elemente der Seele – das sind die

Wesenheiten Gottes – auf die göttliche An-
ziehung ausrichten. Wer allerdings Mein Blut
– das ist der Geist der Wahrheit – nicht annimmt, dessen Seele bleibt solange unrein, bis
sie an das Licht der Welt glaubt und sich durch
das Licht reinigt, das sich durch die Erlösertat
in jede Seele eingeboren hat. ...

Ich sprach weiterhin sinngemäß:
Wehe jenen, die Mein Blut nicht annehmen
und nicht nach dem Geiste Gottes handeln. Sie
verdrängen durch ihren Unglauben Mein Blut
– den fließenden Geist Gottes – und schaffen
weitere Ursachen. In ihrer Wirkung werden
sie verbluten. Ich Bin gekommen, das Blut der
Menschheit durch den Geist der Wahrheit zu
tilgen und sie von ihren Untugenden und Las-
tern zu befreien. Wenn die Menschheit ihren
Befreier nicht annimmt, sondern verschmäht,
wird sie verbluten. Die Ursache ist der Un-

glaube, wodurch ihre Gotteslästerungen sich ausdehnen und dadurch wirksam und grausam werden. ...

Meine Kinder, jeden Tag sollt ihr mit Mir das Mahl einnehmen. Dankt für alles, was aus des Vaters Händen kommt, denn Er, der große Gott, meint es nur gut für Seine Kinder. Alles, was ihr für euer Wohl erhaltet, ist ein göttlicher Gnadenakt, der euch stärkt und geistig als auch physisch stützt. Dankt am Morgen, am Mittag und am Abend. Erbittet immer wieder den Segen, dann wird jedes Mahl ein gesegnetes sein, denn dann ist Mein Geist bewusst mitten unter euch.«

In Seinem Offenbarungswort schildert Jesus, der Christus, auch das weitere Geschehen, das sich vor ca. 2000 Jahren zutrug:

»Tränenüberströmt und betend kniete Ich im Garten Gethsemane, händeringend um die Kraft für den physischen Leib. „O Meine Kinder", so der Christus Gottes, „könntet ihr nur die Willenskraft einer Seele empfinden, die absolut nur des Herrn Willen erfüllen möchte. Denn nicht nur Jesus, der Mensch, sprach, ‚Herr, nur Dein Wille geschehe‘, sondern auch die kraftvolle Seele und der alles durchdringende Geist. Dieser Seelenschrei brachte dem Jesus erneut Kraft, um das Kommende zu tragen.

Nach Meinem Seelenschrei empfand Ich die ganze Größe des Christus Gottes in Mir, der ewig willig dienende Sohn Seines Vaters.

*Während die Seele den bejahenden Willens-
schrei an Meinen Vater richtete, empfand Ich
die vollkommene und absolute Gottheit in
Mir. Es ist die vollkommene Verbindung, die
Ich im Christus Gottes ausdrücken möchte.
Sie bedeutet die Einheit mit Gott und Seiner
All-Gegenwart.*

*Nach diesem Seelenschrei tat sich Meine
ganze Seele auf und Ich sah weit mehr als
während Meiner Erdenwanderung. Ich sah
den Himmel offen und erkannte die Vollkom-
menheit Gottes, in die der Christus eintrat.
Ich sah Mein geistiges Wesen in allem Leben
– insbesondere in allen Seelen, ob sie inkar-
niert oder entkörpert waren. Die Sicht für das
große Ganzheitsgeschehen war vollkommen
frei. Der Sohn Gottes war im selben Augen-
blick der Christus Gottes, was besagt: Gott in
Christus ist der Befreier und Erretter allen ge-
fallenen Lebens.«*

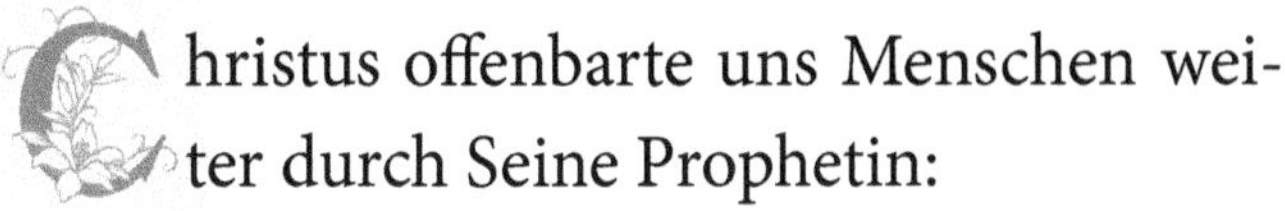

Christus offenbarte uns Menschen weiter durch Seine Prophetin:

»Solange eure Sonne die kalte Pracht eurer erstellten Kirchen und Wohnhäuser ist, in denen ihr eure Götzen anbetet, solange werdet ihr nicht in das Reich Gottes eingehen. Erst wenn sich der Mensch und des Menschen Seele selbst kreuzigen und alle menschlichen Schwächen dem Kreuz übergeben und zum Kind Gottes werden, erst dann ist die Seele fähig, die Kraft des aufgerichteten Kreuzes zu verspüren. Mit deinem Hochmut und deinem Intellekt, mit deinen irdischen Würden und Titulierungen als auch mit deiner irdischen Krone wirst du nicht ins Reich Meines Vaters eingehen.

O sehet, so werden viele in den Stätten der Reinigung leben, die auf dieser Erde in Würden wandelten und von jenen, die sie unterdrückten und die ihnen diesbezüglich nicht vergeben können, Ähnliches zu erdulden haben.

O erkennet, vor dem Sieg über das Dunkle stand der Kampf. Jede einzelne Seele darf nun mit Mir um den Sieg des Inneren Lebens ringen ... Ich ging euch voran, damit ihr Mir nachfolgen könnt durch die Kraft des Christus Gottes in euch. Deshalb befolgt das Gebot der Gebote! Denn was ihr dem Geringsten Meiner Brüder antut, das habt ihr Mir angetan. Diese Wahrheit ist in euch begründet, wodurch ihr auferstehen und heimgehen könnt ...

Seid strebsam im Geiste und liebt den Vater über alles und euren Nächsten wie euch selbst. Liebt des Vaters ganze Schöpfung ...

Der Schlüssel zu den Toren des Himmels Bin Ich, der Christus Gottes. Über die göttlichen Eigenschaften der Seele: Ordnung, Wille, Weisheit, Ernst, Geduld, Liebe und Barmherzigkeit wirst du Ihn finden.«

In der großen Christus-Offenbarung „*Das ist Mein Wort – Alpha und Omega*" erklärt Christus im Prophetischen Wort Folgendes:

»Das Leben in Gott schließt nicht nur den Nächsten mit ein, sondern auch alle anderen Lebensformen wie Tiere, Pflanzen, Mineralien und Steine. Denn alles Sein trägt das Leben, Gott.

Wer in der Einheit mit dem Leben ist, der tötet weder mutwillig Tiere, noch zerstört er mutwillig Pflanzen. Er achtet auch das Leben – die Bewusstseinskräfte – der Mineralien und der Steine ... Wer auf das Fleisch setzt, der verzehrt auch das Fleisch. Wer auf den Geist setzt, der ernährt sich von dem, was ihm die Erde schenkt, so wie es ehedem war ...

Im Wandel der Generationen wird es das Blutopfer nicht mehr geben, denn die Menschen erkennen, dass sie damit Gott keine

Ehre erweisen und dass ihre selbsterdachten Götter auf ihr Denken und Tun nicht reagieren.

Erkennet: Wer nicht mehr neidet, wer nicht mehr streitet, wer nicht mehr bindet und wer nicht mehr herrschen und der Größte sein möchte, der ist ein Mensch des wahren Friedens ... Die jetzige Menschheit lebt in einer großen Zeitenwende von der alten sündhaften Welt zur neuen Zeit.«

Weitere Christusworte aus dem Offenbarungswerk „*Das ist Mein Wort*":

»Wenn dieser Wandel ... vollzogen ist, werden die Menschen die Gesetze Gottes mehr und mehr erfüllen und es wird so sein, wie Ich es als Jesus von Nazareth vorausgesagt habe. Es wird e i n e n Hirten geben und e i n e

Herde. Und die Völker werden e i n V o l k sein. Dann ist jegliches Blutopfer abgeschafft und auch das Essen der Tiere.

Das Niedere, das Satanische geht zu Ende. Das Leben in und mit Gott wird immer mehr Menschen zum Bedürfnis. Daher wird sich die Erde reinigen und die Kinder Gottes so ernähren, wie es zu Beginn des Menschengeschlechtes war. Die Mutter Erde schenkt den Bewohnern der Erde wieder das in Fülle, was diese für den irdischen Körper benötigen. Das ist dann wieder das Reine für die weitgehend reinen Körper.

Erkennet: Der Friede und das wahre Christentum kann in diese Welt nur durch Menschen kommen, die ihre Seelen geadelt haben mit der Zierde der Tugend und der Bescheidenheit, mit friedvollen Gedanken, selbstlosen Worten und Taten.

*Ich Bin der Weg, die Wahrheit und das Le-
ben. Wer seine Seele zu Mir erhebt, der findet
auch zu Mir. Und wer in Mir, der Wahrheit,
lebt, der ist frei von äußeren Bindungen und
vom Tand dieser Welt. Wer in der Wahrheit
lebt, der füllt alle Worte und Dinge mit Leben,
weil er selbst vom Geist Gottes erfüllt ist.*

*Wer das Gesetz des Lebens, die Liebe, er-
füllt, dem ist Gott offenbar in allen Menschen,
Tieren, Pflanzen, Mineralien, Steinen und in
allen Kräften des Alls. Nichts bleibt dem verborgen, der sich Gott öffnet. Dem jedoch sind
die Dinge und die Kräfte des Alls verborgen,
der sich wegen seiner Sünde vor Gott verber-
gen möchte.«*

Christus gab durch das Prophetische Wort
für unsere Zeit folgende Erläuterungen:

*»Wer Gottes Wort nur predigt und lehrt,
ohne dass er es verwirklicht hat, dessen Worte*

gehen nicht in das Herz des Nächsten ein; sie werden dem, der es aussendet, zum Bumerang. Wer also das Wort Gottes nur predigt und lehrt, ohne es verwirklicht zu haben, der kann es auch nicht mit Kraft und Macht erfüllen, weil er selbst kraftlos ist.

Wer nicht aus der Erfüllung des Gesetzes, aus Gott, gibt, sondern nur das verbreitet, was er sich angelesen hat und für die Wahrheit hält, der ist kein Lehrer der Wahrheit, sei er nun Theologe, Priester, Pfarrer oder ein Bibelgläubiger, selbst wenn er hohe Titel führt ...

Daher prüft mit den Augen der Gerechtigkeit, dann werdet ihr die gerechten und falschen Lehrer an ihren Früchten erkennen.

Wer in der Wahrheit lebt, schaut, was andere nicht sehen, und hört, was andere nicht hören; er wird deshalb jedem seinen Glauben lassen.

Bis alle Seelen wieder die bewusste Kindschaft in Gott erlangt haben, bleibe Ich, der Erlöser aller Seelen und Menschen, Christus, der Schlüssel zum Tor des Lebens.«

Viele, sehr viele Offenbarungsworte des Christus Gottes über Sein Erdenleben, gegeben durch Prophetenmund, sind hier zusammengetragen. Für so manchen wird es – wie auch für uns – ein besonderes Erlebnis bedeuten, vom auferstandenen Christus Gottes selbst im Prophetischen Wort über Sein Leben und Seine Lehren als Jesus von Nazareth zu erfahren.

Jesus, der Christus, sprach auch: *„Meine Schafe kennen Meine Stimme."* – Dazu bedarf es keiner weiteren Worte mehr.

50

Lesen Sie auch ...

Das ist Mein Wort
A und Ω

Das Evangelium Jesu

Die Christus-Offenbarung,
welche inzwischen die wahren
Christen in aller Welt kennen

Aufbauend auf dem „Evangelium Jesu", einem bestehenden außerbiblischen Evangeliumstext, offenbarte Christus selbst – erklärend, berichtigend und vertiefend – durch Gabriele, die Prophetin und Botschafterin des Ewigen Reiches, die Tatsachen über Sein Leben und Seine Lehre als Jesus von Nazareth.

Aus dem Inhalt: Kindheit und Jugend Jesu • Die Verfälschung der Lehre des Jesus von Nazareth in den vergangenen 2000 Jahren • Sinn und Zweck des Erdenlebens • Jesus lehrte über das Gesetz von Ursache und Wirkung • Voraussetzungen für die Heilung des Leibes • Jesus lehrt über die Ehe • Die Bergpredigt • Vom Wesen Gottes • Gott zürnt und straft nicht • Die Lehre der „ewigen Verdammnis" ist eine Verhöhnung Gottes • Jesus entlarvt Schriftgelehrte und Pharisäer als Heuchler • Jesus liebte die Tiere und setzte sich immer für sie ein • Über Tod, Reinkarnation und Leben • Die wahre Bedeutung der Erlösertat Christi ... und vieles andere mehr.

1080 S., geb., Halbleinen. Inkl. Audio-CD mit dem Ewigen Wort aus dem Reich Gottes: „Der Ruf des Christus Gottes" und „Die Erscheinung", gegeben durch Gabriele. ISBN 978-3-89201-960-2

Auch als E-Book

Taschenbuchausgabe: 1051 S., kart. ISBN 978-3-96446-275-6

Die großen kosmischen Lehren des JESUS von Nazareth

an Seine Apostel und Jünger, die es fassen konnten

mit Erläuterungen von Gabriele

Durch Gabriele, die Lehrprophetin und Botschafterin des Reiches Gottes in unserer Zeit, offenbarte Christus selbst das Gesetz des wahren Lebens, das Er vor mehr als 2000 Jahren den inneren Kreis Seiner Apostel und Jünger lehrte. Zum ersten Mal in der Geschichte der Menschheit sind Seine großen kosmischen Lehren allen Menschen zugänglich. Sie bringen uns die ewigen göttlichen Gesetze nahe und lassen uns hineinspüren in das Leben tief in unserer Seele, das unsere Heimat ist, und wir erfahren, wer wir in Wahrheit sind – kosmische Wesen, Kinder der unendlichen Liebe, auf dem Weg zurück in das Ewige Reich Gottes, von dem wir alle einst ausgegangen sind.

Die großen kosmischen Lehren des Jesus von Nazareth wurden durch Gabriele ausgelegt und erläutert. Sie zeigt auf, wie wir sie im täglichen Leben, in der Familie, im Beruf und in der Freizeit anwenden können.

896 S., geb., Halbleinen. ISBN 978-3-89201-585-7

Auch als E-Book

Die Seele
auf ihrem Weg
zur Vollendung

Gewinnen Sie bislang unbekannte Einblicke in den Aufbau der Schöpfung und der Seele, offenbart von Christus durch die Prophetin und Botschafterin Gottes, Gabriele. Christus erklärt ausführlich den Weg der Seele, ihren Heimgang von der Erde bis ins Vaterhaus. Sein Offenbarungswort gibt Antwort auf viele Fragen, zum Beispiel: Was hat die Seele auf den einzelnen Stufen zu erkennen und zu lernen? Wie ergeht es einer Seele, die in jungen Jahren ihren Erdenkörper verlassen hat? Und vieles mehr. Diese Christusoffenbarung schenkt Erkenntnisse über den Sinn unseres Erdenlebens und vermittelt uns: Gott, unser ewiger Vater, lässt uns nicht allein. Jede Seele wird ihrem Reifegrad entsprechend geführt und belehrt. Über siebenmal sieben Bewusstseinsstufen von der Ordnung über den Willen, die Weisheit, den Ernst, bis hin zur Geduld, Liebe und Barmherzigkeit geht der Weg der Seele zurück in das Reich Gottes, in die ewige Heimat. Diese Seelenstufen wieder zu aktivieren, ist die Aufgabe jeder Seele hier auf der Erde oder in den jenseitigen Bereichen.

112 S., geb., Leineneinband. ISBN 978-3-89201-813-1

Taschenbuchausgabe: 128 S., ISBN 978-3-96446-308-1

Ein Frauenleben im Dienste des Ewigen

Mein Weg als Lehrprophetin

und Botschafterin Gottes

in dieser Zeitenwende

Gabriele

Seit nahezu 50 Jahren dient Gabriele Gott, dem Ewigen, als Seine Lehrprophetin und Botschafterin. In ihren autobiographischen Schilderungen gibt sie einen Einblick in ihren Werdegang als Mensch und ihre Berufung zur Prophetin Gottes und was es bedeutet, in unserer Zeit Sein Wort, Seine Liebe und Weisheit auf die Erde zu bringen.

Gabriele schildert lebendig ihren Lebensweg von früher Kindheit an. Sie beschreibt die Anfänge des Prophetischen Wortes, die unmittelbaren Schulungen durch den Gottesgeist und den Aufbau des weltweiten Christus-Gottes-Werkes, und sie berichtet auch über die Widrigkeiten und Angriffe, denen sie als Frau im Dienste des Ewigen standzuhalten hatte.

212 Seiten, geb., Halbleinen. ISBN 978-3-89201-799-8

Gerne übersenden wir Ihnen
unser aktuelles Buchverzeichnis
sowie Gratis-Leseproben zu vielen Themen

Gabriele-Verlag Das Wort
Max-Braun-Str. 2, 97828 Marktheidenfeld
Tel. 0049 (0)9391/504-135, Fax 09391/504-133

www.gabriele-verlag.com